COLIN DANN

Als die Tiere den Wald verließen

Abenteuer im Weißhirsch-Park

Unipart-Verlag · Stuttgart

Nach einer langen und gefährlichen Reise hatten die Tiere vom Thalerwald endlich den Weißhirsch-Park erreicht.

Der weiße Hirsch begrüßte sie herzlich als neue Mitbewohner des Naturreservats.

Über Nacht war es Winter im Weißhirsch-Park geworden. Futter zu finden, wurde nun sehr schwierig. Die meisten Bewohner des Naturreservats waren freundliche und hilfsbereite Tiere, nur der blaue Fuchs Narbengesicht und seine Frau Lady Blau ärgerten sich über die Eindringlinge und hinderten sie bei der Jagd auf ihrem Gebiet.

Die Tiere vom Thalerwald erinnerten sich ihres Schwurs und halfen sich gegenseitig zu überleben. Eines späten Nachmittags stöberte Dachs nach Essen. Er verlief sich im tiefen Schnee und stürzte schwer. Die anderen Tiere suchten ihn vergeblich.

Aber zum Glück wurde Dachs vom Parkaufseher gerettet. Der brachte ihn zu seiner Hütte, damit Dachs sich erholen könne. Dort freundete sich Dachs mit der Katze des Aufsehers an und erzählte ihr von seinem Unglück. Er überredete die Katze, seinen Freunden eine Nachricht zu überbringen. Denn er wußte, daß sie sich um ihn sorgen würden.

Schon bald traf Katze Maulwurf. Der freute sich riesig, als er hörte, daß Dachs sich in Sicherheit befand. Turmfalke, der gerade über den beiden hinwegsegelte, sah die Katze und dachte, Maulwurf sei in Gefahr. Um Maulwurf zu retten, schoß er wie ein Pfeil herab und griff die Katze an, bevor Maulwurf etwas erklären konnte.

„Du hast einen Fehler gemacht!" rief Maulwurf. „Die Katze hat doch eine Nachricht von Dachs überbracht." Aber die gekränkte Katze war nicht mehr zu besänftigen und schwor Rache.

Dachs hatte sich mittlerweile von seiner Verletzung erholt. Die Katze begleitete ihn auf seinem Weg nach Hause. Turmfalke hatte Dachs erspäht und landete auf dem Boden, um ihn zu begrüßen. Die Katze erkannte ihre Chance, sich zu rächen und griff an. Dachs sprang sofort hinzu, um Turmfalke zu verteidigen. Dann aber erinnerte er sich an die Hilfsbereitschaft der Katze und ließ sie entkommen.

Die anderen Tiere waren überglücklich, daß Dachs wieder bei ihnen war. Sie stürzten auf ihn los, um ihn zu begrüßen.

Gegen Ende des Winters wurde der Aufseher ins Krankenhaus eingeliefert. Eine neue Gefahr drohte: Wilderer drangen Nacht für Nacht in den Park ein, um die Hirsche zu jagen. Aber Fuchs dachte sich einen schlauen Plan aus, um die Wilderer zu vertreiben. Er rettete die Hirsche und befreite den Park von dieser Bedrohung.

Als es Frühling wurde, kam der Aufseher erholt und gesund zurück in seine Hütte. Füchsin und auch Lady Blau bekamen Junge. Narbengesicht verhöhnte sehr gehässig seine Frau: „Füchsins Junge sind aber viel stärker und kräftiger als deine!“

Narbengesicht wurde so neidisch, daß er jede Bewegung von Fuchs' Familie genau beobachtete. Eines Tages, als die erschöpfte Füchsin gerade schlief, sprang Narbengesicht auf das kleinste ihrer Jungen los, auf Träumerin, und tötete es.

Fuchs war viel zu schockiert und durcheinander, um etwas zu tun. Aber das größte der Jungen, Tapfer, war entschlossen, den Tod seiner Schwester zu rächen. Schnell rannte er los in Narbengesichts Gebiet, aber er wurde sofort von den blauen Füchsen angegriffen.

Tapfer gelang es zu fliehen. Inzwischen waren aber sein Vater und sein Bruder beim Versuch, ihm zu Hilfe zu kommen, in einen Hinterhalt der blauen Füchse geraten.

Da schritt der weiße Hirsch ein, um weiteres Blutvergießen zu verhindern. Fuchs ärgerte sich über Tapfers Leichtsinn. Er befahl ihm, in Zukunft besser zu gehorchen. Aber Tapfer wollte unabhängig sein und entschloß sich, den Park zu verlassen.

Außerhalb des Parks entdeckte Tapfer eine völlig neue Welt. Eine Krähe beobachtete ihn von einem Ast herab. „Was machst du denn hier tagsüber? Weißt du nicht, daß es hier Menschen gibt?“ fragte sie ihn.

Aber Tapfer hörte nicht auf die Krähe und lief weiter. In einem Gehölz entdeckte er eine Dachshöhle und verbrachte dort die Nacht. Im Morgengrauen kam der Besitzer der Höhle, ein Dachs mit Namen Schatten, zurück, und sie schlossen Freundschaft.

Im Park jedoch verschlimmerte sich der Kampf zwischen Narbengesicht und den Tieren vom Thalerwald. Narbengesicht hatte begonnen, sich an den schwächeren Tieren zu vergreifen. Die Tiere vom Thalerwald beschlossen, die Kleinen zu bewachen und zu beschützen.

Eines Tages begegnete ein anderes von Fuchs' Jungen, das Fuchsmädchen Charme, bei ihrem Spaziergang einem Kind der blauen Füchse, dem jungen Ranger. Die beiden jungen Füchse mochten sich sehr gerne, auch wenn ihre Eltern zerstritten waren.

Das Leben außerhalb des Parks war gefährlich. Eines Tages fand Tapfer Schatten in einer Falle gefangen. Als er versuchte, ihn zu befreien, sprang die Feder so fest zurück, daß sie ihn schwer am Auge verletzte.

Weil es ihm zu gefährlich wurde, verließ Tapfer den Wald. Aber bald darauf war er einer noch größeren Bedrohung ausgesetzt: Er lief geradewegs in eine Fasanenjagd. Plötzlich wurde auf ihn gezielt, und er wurde getroffen, so daß er von nun an stark hinkte.

Im Weißhirsch-Park hatten die Tiere vom Thalerwald in ihrer Verzweiflung Kreuzotter gebeten, sie von Narbengesicht zu befreien. Unglücklicherweise wählten sie Wiesel aus, um diesen Auftrag zu überbringen. Wiesel aber verdrehte die Botschaft, und so tötete Kreuzotter versehentlich Narbengesichts Sohn. Narbengesicht war fest entschlossen, die Mörderin seines Sohnes zur Strecke zu bringen. Aber Kreuzotter versteckte sich vor ihm.

Als die Tiere vom Thalerwald Kreuzotters Fehler erkannten, fürchteten sie Vergeltung und verdoppelten die Wachtposten um ihr Gebiet herum. Inzwischen trafen sich Ranger und Charme weiterhin heimlich, ohne ihren Familien davon zu erzählen.

Tapfer war so schlimm verletzt worden, daß er nicht einmal mehr für sich selbst jagen konnte. Die Krähe, die er am ersten Tag seiner neuen Freiheit außerhalb des Parks kennengelernt hatte, traf ihn wieder. Tapfer bat sie um Hilfe. Die Krähe flog sofort los, um Schatten zu benachrichtigen, der bald darauf mit Essen erschien.

Tapfer wollte nicht von seinen Freunden abhängig sein. Krähe schlug ihm vor, in die nahe Stadt zu laufen. „Dort kannst du sicher leichter überleben, denn in den Überbleibseln der Menschen ist manch gutes Stück zu finden“, erklärte sie Tapfer.

Charme hatte inzwischen Schwierigkeiten mit ihren Eltern – wegen ihrer Freundschaft zu Ranger. Füchsin überredete Fuchs, doch einmal mit dem jungen blauen Fuchs zu sprechen.
„Unsere Familien sind doch erklärte Feinde“, setzte Fuchs Ranger auseinander. „Ich verspreche dir aber, nicht gegen dich und deine Familie zu kämpfen“, versicherte Ranger.

Die Tiere vom Thalerwald mußten einen weiteren schweren Schlag erleiden: Dachs starb in hohem Alter. Umringt von seinen Freunden schlief er friedlich für immer ein.

Inzwischen hatte Tapfer in der Stadt eine neue Freundin gefunden: eine junge Füchsin namens Samtstimme. Sie bemerkte Tapfers Verletzungen und bot ihm sogleich ihre Hilfe an.

Samtstimme brachte Tapfer zu ihrem Lieblingsjagdplatz. Zusammen gingen sie auf die Jagd und fingen eine Menge Ratten.

Samtstimme lud Tapfer auch ein, mit in ihrer Höhle zu wohnen. Die Höhle befand sich auf dem ruhigen Friedhof am Stadtrand.

Krähe blieb auch weiterhin mit ihnen befreundet. Die tägliche Jagd war für Tapfer noch immer zu schwer, aber sie lernten Rollo, einen einsamen Bernhardiner, kennen. Weil sie ihm Gesellschaft leisteten, teilte er gerne sein Futter mit ihnen.

Einige Zeit später erzählte Samtstimme dem glücklichen Tapfer, daß sie Junge bekommen würde. Sie wollte, daß sie im Weißhirsch-Park geboren würden, denn dort könnten sie in Sicherheit leben.

Tapfer wollte eigentlich nicht wieder in den Park zurückzukehren. Aber trotz seines lahmenden Beines führte er sie dorthin. Samtstimme konnte es gar nicht schnell genug gehen, und so beschleunigte sie ihre Schritte.

Tapfer war durch seine Verletzungen noch immer sehr geschwächt und brach schließlich vor Anstrengung zusammen. Samtstimme lief los, um Futter zu besorgen. Während sie unterwegs war um zu jagen, wurde Tapfer von einer Meute Hunde angegriffen.

Glücklicherweise hatte Krähe den Zusammenbruch Tapfers mitbekommen. Sie war zur Stadt zurückgeflogen, um Rollo zur Hilfe herbeizuholen. Als die beiden Tapfer schließlich erreichten, sahen sie den Angriff und trieben die Hunde in die Flucht.

Der Streit der Füchse im Park erreichte seinen Höhepunkt, als Lady Blau, aufgestachelt durch Narbengesichts Hohn, Füchsin angriff.

Fuchs kochte vor Wut, als er von einer langen Jagd zurückkehrte und Füchsins schlimme Wunden sah.

Genauso wütend war auch Narbengesicht über die Verletzungen seiner Frau. Der erboste blaue Fuchs schwor, die Tiere vom Thalerwald nun ein für allemal endgültig auszulöschen.

Ranger dachte an sein Versprechen und lief los, um die Tiere vom Thalerwald vor dem Angriff seines Vaters zu warnen. Die Tiere versammelten sich und suchten gemeinsam Zuflucht in Fuchs' Bau.

Narbengesicht und seine Bande erreichten bald in voller Stärke den Bau und drohten, die Tiere auszuhungern, bis sie sich unterwerfen würden. Aber Fuchs forderte Narbengesicht sofort zu einem Zweikampf heraus.

Weil er jünger und wendiger als sein Gegner war, bekam Fuchs bald die Oberhand. Narbengesicht mußte sich ergeben. Plötzlich erspähte Turmfalke den Parkaufseher und gab ein Zeichen. Fuchs ließ Narbengesicht frei, der sofort davonhuschte.

Tapfer und Samtstimme hatten schließlich die Grenze des Parks erreicht. Tapfer war inzwischen zu schwach, um auch nur noch einen einzigen Schritt weiterzugehen. Er schickte Samtstimme fort, um Futter zu holen und versteckte sich dann.

„Ich bitte dich um einen letzten Gefallen“, bat Tapfer Krähe. „Sage Samtstimme nicht, wo ich bin. Ich kann nicht in den Park zurückgehen.“ Krähe versprach es ihm. Als Samtstimme mit dem Futter zurückkehrte, behauptete Krähe, nicht zu wissen, wo Tapfer sei. Mit gebrochenem Herzen machte sich Samtstimme schließlich alleine auf den Weg und betrat den Park.

Eines der Tiere vom Thalerwald aber wollte Narbengesicht nicht lebend entkommen lassen: Kreuzotter hatte sich im Bach auf die Lauer gelegt. Als der blaue Fuchs hindurchschwamm, schlug sie ihre Zähne tief in ihn hinein. Nur Lady Blau und ihre Jungen trauerten um Narbengesicht.

Charme traf Samtstimme im Park und brachte sie zu Fuchs und Füchsin. Samtstimme erklärte, warum sie hierher gekommen war und wurde herzlich begrüßt. Sie erzählte auch von Tapfers Unglück. Fuchs und Füchsin liefen sofort los, um ihn zu suchen, während Charme mit Samtstimme zurückblieb.

Krähe führte die beiden zu Tapfers Versteck. „Samtstimme hat uns alles erzählt“, gestand ihm Füchsin zärtlich. „Lieber Tapfer, deine Jungen werden bei uns sicher sein.“ Tapfer war ihnen dankbar. „Dann habe ich meine Aufgabe erfüllt“, meinte er.

„Du bist ein mutiger und ehrenwerter Kerl“, lobte ihn Fuchs. „Ich bin sehr stolz auf dich, mein Sohn.“ So konnte Tapfer schließlich ruhig und in Frieden sterben.

Mit der Hochzeit von Ranger und Charme endete schließlich auch die Feindschaft der beiden Fuchsfamilien. Und im Weißhirsch-Park herrschten endlich wieder Friede und Harmonie.

Genehmigte Lizenzausgabe
für UNIPART VERLAG GmbH, Remseck bei Stuttgart, 1993
Originalausgabe erschienen bei BBC Books Enterprise Ltd.

Illustrationen von Fun House Design

Deutsche Übersetzung: Christine Wehling, München

ISBN 3-8122-3252-9